AF299498

41
b
2321

EXTRAIT DU RAPPORT

*Des Commissaires FELIX Professeur, &
BODSON le jeune, Membres du Conseil
Général de la Commune de Paris, chargés
par le Conseil Exécutif, le 3 Septembre 1792,
4me de la Liberté, 1er de l'Égalité, à l'effet
de faire auprès des Départemens, Districts &
Municipalités, telles requisitions qu'ils juge-
roient nécessaires pour le salut de la Patrie.*

DES inculpations ayant été faites contre des Commissaires du Conseil Exécutif, pris dans le sein de
la Commune de Paris, il est du devoir de ceux qui
ont accepté la mission dont ils ont été honorés, de
mettre sous les yeux de leurs Concitoyens la conduite qu'ils ont tenue dans les différens Départemens
qu'ils ont parcourus, ainsi que les principes qu'ils
y ont professés.

Ayant assisté, avant notre départ, aux conférences
des 2 & 3 Septembre, qui se sont tenues chez le
Maire de Paris & chez le Ministre de la Justice, afin
d'aviser aux moyens de venir, le plus promptement
possible, à la défense de la Patrie, nous avons profité
des différentes mesures qui ont été indiquées, soit
par les Ministres, soit par les Membres de l'Assemblée
Nationale, soit par les Présidents des Sections qui
s'y trouvoient réunis ; d'après les mesures proposées,
nous avons adopté une marche de conduite que nous

A

avons toujours exactement fuivie dans toutes les parties de notre miffion.

En conféquence de nos pouvoirs, nous avons invité tous les Citoyens de voler au fecours de la Patrie: nous leur avons peint la fituation de la capitale, à la nouvelle de la prife de Verdun, les dangers qui nous menaçoient, ainfi que les moyens de reffources incalculables que la Patrie poffederoit par la réunion des forces & des volontés de tous les Citoyens françois.

Nous avons raffuré les plus intimidés par des récits pofitifs fur les événemens qui fe font fuccédés dans Paris depuis le 10 Août, dont l'exagération dans plufieurs endroits étoit effrayante.

Nous avons, autant qu'il a été en notre pouvoir, difpofé les Citoyens au jugement qui feroit porté par la Convention Nationale contre Louis le dernier, en faifant part, dans les cantons, des horreurs & des trahifons qui ont caractérifés les derniers inftans de de fon règne.

Nous avons requis tous les Difticts, chefs-lieux de Départemens, quand nous n'avons pu nous rendre perfonnellement dans les Municipalités & devant le Peuple réuni, nous les avons requis, afin de mettre de l'ordre dans la marche des troupes, d'affurer leur fubfiftance & leur équippement, de faire premierement la lifte de tous les Citoyens armés & équipés, d'en completter, le plus poffible, le nombre, pour en former des compagnies.

Nous avons invité les Corps Adminiftratifs de chaque Département, à fe concerter entr'eux, afin de convenir d'un chef-lieu de raffemblement, toujours le plus près de Paris, enforte qu'au premier fignal, tous les corps d'armées puiffent fe réunir en un feul, au lieu qui feroit indiqué par les ordres, & d'emmener avec eux, lorfqu'ils en feroient requis, tout ce qu'ils pourroient avoir de pain, bifcuits, farines, chevaux, fourrages & charettes.

Nous avons invité toutes les Municipalités, d'envoyer des Commiſſaires dans leur arrondiſſement, afin de tenir un regiſtre exact du nombre d'hommes, d'armes, vivres, fourrages, ainſi que des atteliers, forges, manufactures & magaſins qui pourroient concourir à l'approviſionnement & à l'équippement, pour l'état du tout être envoyé, le plus promptement poſſible, au chef-lieu du Département, pour de ſuite être envoyé au Miniſtre de la Guerre pour le mettre en état de connoître la force, l'approviſionnement & les reſſources reſpectives de chaque Département.

Nous avons invité les Municipalités à faire des viſites domiciliaires les plus ſcrupuleuſes, afin de s'emparer de toutes les armes, chevaux des Emigrés & des perſonnes ſuſpectes.

Nous avons invité individuellement tous les Citoyens à la ſurveillance la plus active, & de dénoncer aux Municipalités tous les endroits où ils pourroient croire qu'il y eût quelques dépôt d'armes, ou raſſemblement contraire à l'intérêt public.

Nous les avons de même invités au nom du ſalut & du bonheur de tous, de transformer en armes, toutes les matières métalliques, dont ils pourroient ſe paſſer, telles que leurs pelles, pincettes, chenets & autres uſtenſiles.

Nous avons par-tout & autant qu'il a été en notre pouvoir, cherché à rallier tous les intérêts, toutes les volontés particulières au centre de l'intérêt général, afin de concourrir plus puiſſamment à la défenſe commune.

Tels ſont les principes que nous avons profeſſés, telles ſont les meſures que nous avons indiquées dans les Départemens de Seine & Oiſe, de l'Eure & Loire, de la Sarthe, de Maine & Loire, de la Loire inférieure, d'Ille & Vilaine, du Morbihan que nous avons parcourus, démarches que nous atteſtons par l'extrait des Regiſtres, Procès-verbaux des Corps Adminiſtratifs, qui nous ont été délivrés.

Nous ſommes partis de Paris le 4 Septembre huit heures du ſoir. Arrivés à Verſailles, nous avons vu avec ſenſibilité qu'une Ville qui perdoit tout à la Révolution, témoignât les ſentimens les plus énergiques pour voler au ſecours de la Capitale & de la Patrie en danger, les enrôlemens s'y faiſant avec activité. Le 4, il y avoit déjà pour le Diſtrict ſeul de Verſailles, quinze cens hommes en très-grande majorité armés & équipés. La Ville de Verſailles en fourniſſoit mille prêts à marcher. Tous ces Citoyens nous ont paru dans les meilleures diſpoſitions; tous animés par le plus pur patriotiſme, tous demandoient à partir ſur le champ. Convaincus que ces Citoyens n'avoient beſoin d'être animés par aucun autre moyen que la connoiſſance du danger de la patrie & de l'honneur de voler à ſa défenſe, les voyant dans ces principes nous ſommes partis pour Chartres, où après nous être arrêtés dans différens endroits, tels que Rambouillet, Epernon, Maintenon, &c. pour y faire part de notre miſſion, & des dangers de la choſe publique, preſque généralement, les Cantons que nous avons parcourus, à la diſtance de 20 à 30 lieues de Paris, nous ont paru dans les meilleures diſpoſitions. Les plus petits endroits ont fournis des hommes tout équipés & leur ont aſſuré par une contribution volontaire, une ſomme aſſez forte pour ſubvenir à leurs beſoins : nous avons joui du plaiſir de voir dans ces Cantons preſque par-tout l'ardent amour des peuples pour la liberté ; nous avons été en partie plus occupés à calmer la juſte impatience des Citoyens pour partir ſur le champ, que de les exciter ainſi que notre miſſion l'exigeoit.

Nous leur avons obſervé que partant partiellement pour ſe rendre à Paris ſans ordre, pour l'approvifionnement, il pourroit arriver que leur zèle fut même préjudiciable au falut public ; en conféquence nous les avons invités au nom du falut de tous, de fe tenir en état de réquifition permanente, pour être préts à partir au premier ordre.

A Rambouillet nous avons eu le bonheur de ramener le peuple aux fentimens de fraternité qui lui font naturels, en le réconciliant avec quelques perfonnes qu'il avoit défarmées & qui demeuroient dans le Château dudit lieu, & contre lefquelles il vouloit fe porter à des actes de violence qui auroient pu deshonorer les fentimens civiques, dont il étoit animé.

A Chartres, nous nous fommes préfentés devant les trois Corps Adminiftratifs réunis, qui avoient en partie effectué les mefures propofées dans le Confeil exécutif. Ils nous ont paru dans les meilleurs difpofitions, les enrôlemens s'y faifoient avec la plus grande activité. Nous fommes partis de cette Ville le 6 pour continuer notre route. Nous avons fait part de notre miffion dans les différentes Municipalités. Tous les Citoyens de ces cantons montrent généralement le plus grand zèle.

Au Mans, nous avons remarqué que cette Ville n'étoit point tout à fait à la hauteur de la révolution; que les membres du Directoire de ce Département & ceux des Corps Adminiftratifs étoient encore bien enveloppés dans les formes conftitutionelles ; & qu'ils n'avoient pas cette activité, qui pouvoit feule nous fauver, de l'état violent qui nous ménaçoit à cette époque.

Depuis le Mans jufqu'à Angers, nous nous fommes arrêtés dans plufieurs endroits, entr'autres à Durtal, Département de Maine & Loire. Nous y avons trouvé des Citoyens véritablement animés du civifme le plus pur : ils nous ont fait part des té-

moignáges de la reconnoiſſance la plus expreſſive envers les Citoyens de Paris , ſur la journée du 10 Août.
Ils attendoient avec la plus vive impatience des ordres pour voler à leurs ſecours.

La Ville d'Angers & ſes environs , nous ont paru
dans des diſpoſitions qui aſſûrent à la Patrie de vrais
défenſeurs. Nous avons été très-bien accueillis par
les Corps Adminiſtratifs qui nous ont aſſuré qu'ils
mettroient la plus grande célérité dans l'exécution
des meſures propoſées par les Miniſtres pour ſauver
la choſe publique. Nous nous ſommes concertés avec
eux pour l'exportation des Prêtres réfractaires au
nombre de plus de cent trente , dont ils étoient
fort embarraſſés. Nous ſommes partis de cette Ville
avec les témoignages les plus affectueux des Corps
Adminiſtratifs & du Peuple.

Nous avons rencontré à Ancenis 25 pièces de ca-
non en marche pour Paris ; après nous être concertés
avec le conducteur de cette artillerie pour en accélé-
rer la marche, nous nous ſommes rendus à l'Aſſem-
blée Electorale du Département de la Loire inférieure
où tous les Membres qui la compoſoient nous ont
donné des preuves certaines du patriotiſme le plus
pur & le plus ardent. Pluſieurs d'entre-eux nous ont
donné des renſeignemens ſur l'artillerie & les muni-
tions que l'on pourroit ſe procurer, tant à Indrette
que dans les autres lieux près de Nantes.

D'après ces renſeignemens, nous nous y ſommes
tranſportés ſur le champ pour accélerer le départ de
tout ce qui pouvoit concourir à l'approviſionnement
du Camp ſous Paris. Nous avons trouvés à Nantes
deux Commiſſaires qui avoient été nommés à cet effet
par le Miniſtre Servan. Nous nous concertames fra-
ternellement avec eux : nous allames enſemble au Département, où après avoir fait part de notre miſſion & des meſures eſſentielles à prendre dans ce

moment pour sauver la Patrie, les membres du Département, conjointement avec ses commissaires, nous firent un rapport succint des mesures prises par eux pour envoyer à la Capitale toute l'artillerie qu'ils avoit pu rassembler pour servir à sa défense, dont ils avoient envoyé l'état au Ministre de la Guerre.

Nous avons cru de notre civisme de faire par nous même la recherche de plus de 20 mille fusils qu'on nous assuroit être dans différens dépôts, soit à Nantes ou dans les environs; après avoir pris toutes les informations possibles des Citoyens de tous états, après avoir envoyé des émissaires dans les environs, nous n'avons pu retirer aucun indice, sinon qu'on avoit effectivement connoissance d'un transport d'armes dont on ignoroit le nombre & la destination; ce qui nous a paru le plus probable, c'est que ces fusils étoient à l'exagération près les 600 fusils Prussiens qui ont été achetés par les Commissaires au compte de la Nation.

Dans les différens endroits où nous nous sommes arrêtés sur la route de Nantes à Rennes, nous avons vu avec douleur que ces Citoyens n'étoient point à la hauteur de la Révolution; qu'il seroit important pour leur bonheur & pour l'intérêt général qu'ils soient plus instruits. Plusieurs de ces cantons n'ont point de Prêtres, & y semblent fort attachés; d'autres ont fait des pétitions au chef-lieu du Département pour ravoir leurs bons Prêtres non assermentés : d'autres Citoyens égarés par les agens perfides de la tyrannie, aiment mieux priver leurs enfans & eux-mêmes de tout service quelconque que de l'entendre d'un Prêtre constitutionnel.

A Derval, Département de la Loire inférieure, nous avons trouvés beaucoup de division dans les Citoyens. Ces divisions auroient pu avoir des suites funestes si nous n'avions pris les moyens qui nous ont paru les plus capables d'y ramener la paix. On imputoit ces troubles à un Citoyen qui ayant de l'influence fur plufieurs cantons, les vouloit déterminer à caffer la Municipalité du chef-lieu. Nous l'avons fait raffembler & mandé ce Citoyen. Il nous a paru dans les meilleurs principes. Il a reproché à la Municipalité d'avoir préfenté une requête pour redemander leur ancien Recteur qui n'avoit pas voulu prêter fon ferment. Il a reproché au Procureur de la Commune d'avoir refufé de tenir uu enfant de fes proches parens baptifé par un Prêtre affermenté, & d'en avoir tenu deux baptifés par un Prêtre réfractaire. Nous avons remarqué une divifion à ce fujet qui véritablement auroit pu avoir les fuites les plus fâcheufes, des Citoyens voulant défendre leur Municipalité, d'autres ménaçant que le Dimanche fuivant ils fe réuniroient & qu'ils feroient juftice de ceux qui vouloient la foutenir ; comme de part & d'autre l'explication dégénéroit en perfonnalités & en citations de faits très-antérieurs, voyant que les moyens de rigueur ne feroient qu'aigrir d'avantage les efprits, nous leur avons affuré que la Convention Nationale s'occuperoit inceffamment de cette queftion & qu'elle laifferoit fûrement à tous les Citoyens la liberté de choifir les Miniftres & le Culte qui leur conviendroit. Nous les avons engagés au nom de la Patrie d'étouffer toute haine, tout reffentiment particulier contre leurs Concitoyens, & de conferver leur courage pour à la première réquifition marcher au fecours de la chofe publique. D'après la demande de la Municipalité nous avons donné au Citoyen dénoncé par elle la miffion de faire les enrôlemens dans les cantons où nous avons vu qu'il avoit réellement de l'influence. Nous fommes fortis accompagnés de ces Citoyens qui nous ont témoigné l'eftime qu'ils ont eu pour nos avis par leur réunion la plus fraternelle ; espérant repasser par ces cantons, nous nous ferions consultés avec le Département pour le renouvellement de cette Municipalité, s'il y avoit eu lieu.

Arrivés à Rennes, nous nous sommes présentés au Département, où nous avons rendus compte de notre mission. Après l'énoncé des mesures prises par lui pour concourir au salut public, ses membres nous ont annoncé qu'il pourroit faire des levées d'avoine ; quant à l'équippement, qu'ils avoient des ouvriers & matériaux pour établir des sabres, selles, tentes, chemises, sarraux, pantalons, bas, guêtres, souliers, bottes, &c. Ils nous ont de même indiqué des forges & fonderies pour la fabrication de canons & de boulets, dont une à Pimpon, Département d'Ille & Vilaine qui a demandé une autorisation pour cette fabrication, de même à la Harduinet & au Veaublanc, Département des Côtes du Nord, ainsi qu'à la Nouée, Département du Morbihan.

Nous avons fait part de ces renseignemens au Ministre Servan, dans la crainte que ces forges & fonderies ne soient point à sa connoissance, ainsi que des moyens d'équippement ci-dessus détaillés, que le Département d'Ille & Vilaine peut fournir avec célérité, en faisant les avances nécessaires aux ouvriers qui font loin d'être fortunés dans ces cantons.

Ayant fait part de notre étonnement de voir encore subsister, en grande partie, les monumens du despotisme, élevés dans cette ville à la gloire des Rois, ainsi que toutes les armoiries des ci-devant, à la Société des Amis de la Liberté & de l'Egalité : appuyés par elle, nous nous sommes présentés à la Municipalité, à laquelle nous avons fait la demande de l'abolition totale de ces monumens.

Les Membres de la Municipalité nous ont répondu, que l'on ne pouvoit imputer la lenteur mise dans l'exécution, qu'aux adjudicataires, mais qu'ils alloient fur le champ procéder à une nouvelle adjudication, afin de détruire, avec la plus grande activité, tout ce qui reftoit de monumens de ce genre. La Municipalité a de plus arrêté différentes mefures pour hâter la prompte fabrication des canons & autres armes provenans de la démolition de ces monumens, de la fonte des cloches & autres édifices nationaux qui font confidérables dans cette ville. Le tout eft configné dans un procès-verbal dont nous avons eu l'honneur d'envoyer copie au Miniftre Servan. D'après les renfeignemens qui nous ont été donnés, tant à Nantes, Rennes, l'Orient, que dans les environs, on nous a affuré qu'à l'exception des fortes villes, tout ce qui compofe la ci-devant Province de Bretagne, les Bas-Bretons furtout, y font très-fanatifés ; les Prêtres y ont encore la plus dangereufe influence. Nous pouvons affurer que les campagnes que nous avons vifitées dans ces Départemens, ont peu démenti l'opinion qu'on nous en avoit fait concevoir. Nous nous préparions à partir pour Redon, & autres endroits du Département d'Ille- & Vilaine, où prefque tous les Prêtres réfractaires font encore en activité. Les habitans de ces cantons, à ce qui nous a été affurés, n'en veulent laiffer partir aucun, & les conduifent armés, au nombre de plus de cinquante, lorfqu'ils vont porter les Sacremens à un malade. Nous nous difpofions à nous rendre dans ces cantons, lorfque le Citoyen Chevigné, Général de la treizieme Divifion, réfident à Rennes, vint, accompagné de fon Ayde-de-Camp qui arrivoit de l'Orient, nous inviter de nous y tranfporter, afin d'interpofer notre miffion médiatrice dans cette ville qu'il nous affuroit être dans l'effervefcence la plus cruelle ; que le fieur Gérard, riche négociant, y avoit éprouvé les effets les plus terribles de la vengeance du Peuple, pour avoir favorifé l'exportation des ar-

mes, & avoir lui-même été furpris à l'inftant où il
étoit prêt de faire embarquer des caiffes de fufils,
fous le titre de clincaillerie. Ils nous dirent que la
Municipalité avoit fait arrêter les meurtriers du fieur
Gérard; que le Peuple étoit raffemblé pour fe porter
aux prifons, afin d'en arracher les prifonniers ; mais
que toute la Garde Nationale de la ville étoit fous
les armes, au nombre de plus de quatre mille, bien
réfolue de s'y oppofer ; qu'ils craignoient cependant
un mouvement funefte, foit pour les Citoyens des
faubourgs & du port, foit pour les Bourgeois de la
ville.

D'après ces atteftations, & n'écoutant que notre
devoir, nous fommes partis fur le champ, afin de nous
rendre, avec le plus de célérité poffible, dans cette ville,
pour y réunir nos efforts aux véritables amis du Peuple
& de la Liberté, afin d'y ramener, autant qu'il feroit
en notre pouvoir, la fécurité & la paix. En y arrivant
nous l'avons trouvée avec toutes les marques exté-
rieures d'une parfaite tranquillité.

Nous nous préfentames à la Municipalité, où n'ayant
point été annoncés officiellement (ayant fuivi la route
qui nous avoit été indiquée comme la plus courte, ce qui
nous fit éviter de paffer par Vannes pour avoir l'attache
du Département); ce défaut de forme, joint à la dé-
fiance dont on avoit prémuni les Corps Adminiftratifs
contre de faux Commiffaires, & principalement contre
ceux préfentés par la Commune de Paris, qui, foi-
difant, avoient outrepaffé leurs pouvoirs ; ces foup-
çons ont fans doute déterminé la Municipalité d'arrêter
qu'elle ne reconnoiffoit que l'hiérarchie des pouvoirs,
& qu'elle ne pouvoit concerter avec nous que d'après
l'autorifation du Diftrict & du Département auxquels
elle étoit entièrement fubordonnée. Nous lui avons
fait part que les motifs qui nous avoient forcés à ne
point nous foumettre à cette hiérarchie étoient le de-

fir d'être plutôt utiles à la chofe publique. Qu'en paffant par Vannes, chef-lieu du Département, nous aurions prolongé notre route de quatre lieues ; que nous étions cependant très-flattés de voir qu'ils jouiffoient d'une affez grande tranquillité pour employer toutes ces formes qui auroient amené néceffairement leur afferviffement & le nôtre, fi elles avoient été plus long-tems fuivies ftrictement par toutes les Villes de l'Empire : que nous allions nous rendre au Département pour de fuite nous rendre au milieu d'eux, où nous nous plaifions à croire que nous les trouverions auffi rigides fur toutes les parties de leur adminiftration.

Nous nous fommes rendus à Vannes, où, après avoir fait exhibition de nos pouvoirs, plufieurs Membres ne les vouloient reconnoître, & pouffoient la méfiance jufqu'à nous faire paffer, pour ainfi dire, pour des contrefacteurs de fignatures miniftérielles. Après quelques objections un peu vives de notre part, ce Directoire arrêta que nos pouvoirs étoient valides, & nous autorifa à les mettre en exécution dans tout le Département : après avoir fait enregiftrer les mefures qui nous ont été indiquées pour coucourir à la défenfe de la Patrie, nous fommes retournés à l'Orient.

Les Membres de la Municipalité de cette ville nous dirent que leurs Citoyens avoient fait les plus grands facrifices pour la Révolution, & qu'ils avoient prévenu, autant qu'il étoit en eux, tout ce qui pouvoit concourir à la défenfe publique ; fans appuyer ces affertions par aucunes pieces juftificatives, ils nous dirent qu'ils avoient fait tous leurs efforts, & qu'ils ne pouvoient rien de plus. Leur ayant demandé des renfeignemens fur les troubles qui avoient eu lieu dans la ville, ils nous dirent que des agitateurs, à l'exemple de plufieurs villes, avoient commis une action horrible envers un riche Négociant, pour l'avoir foupçonné d'avoir fait l'exportation des fufils; qu'ils avoient fait arrêter ces affaffins au nombre de plus de trente, & qu'ils étoient déterminés à périr plutôt tous, que d'en laiffer échapper un feul; que la paix étoit rétablie dans la ville; que le procès s'inftruifoit vivement contre les détenus, qu'ils efpéroient faire juger & fupplicier, afin d'épouvanter le peuple & le contenir par la force fous le joug des loix. Nous avons obfervé un acharnement qui tenoit même de l'inhumanité dans tous les gens fortunés pour venger la mort du fieur Gerard. Nous avons remarqué que le peuple n'étoit point affez foutenu pour réfifter à l'oppreffion, & qu'il pourroit être bientôt victime d'un patriotifme mal dirigé. Les Citoyens riches de l'Orient réuniffent tous leurs efforts pour avilir par des récits exagérés les Citoyens de Paris qui, dans les différens événemens qui fe font fuccédés, ont donné tant de preuves du civifme le plus pur, & du plus ardent amour de la liberté. Nous fommes partis de cette ville ayant en horreur l'égoïfme & l'inhumanité des riches, & la douleur de ne pouvoir procurer au peuple l'élargiffement de fes Concitoyens, fatisfaction qui lui eft fi légitimement dûe.

En rentrant à Rennes nous avons joui de l'allégreffe des Citoyens qui venoient d'apprendre la déchéance de Louis le dernier, & la proclamation de la République qui a été reçue avec le plus grand enthoufiafme. Les rues étoient illuminées, la joie paroiffoit être univerfelle. Nous avons invité les Citoyens de Rennes de s'intéreffer aux infortunés détenus dans les prifons de l'Orient pour l'affaire du fieur Gerard.

Ayant appris indirectement la révocation des Commiffaires du Confeil exécutif, fans qu'elle nous foit arvenue officiellement, nous n'avons pu en douter oyant peu de jours après afficher l'ordre aux Corps Administratifs de ne plus conférer avec eux, & de eur annoncer que leurs pouvoirs étoient révoqués.

Ne pouvant plus remplir une mission qui nous laissoit encore beaucoup à faire, nous sommes partis de Rennes pour nous rendre à la Capitale. Dans notre route nous aurions pu rendre encore quelques services dans différens endroits, mais la révocation de nos pouvoirs nous a mis dans l'impossibilité de le tenter.

Dans les diverses réclamations qui nous ont été faites, celles qui nous ont semblé les plus importantes sont, l'autorisation & la somme de vingt mille livres que la ville de Rennes a reclamées par un procès-verbal dont nous avons envoyé l'extrait au Ministre Servan, afin de pouvoir mettre en œuvre la matiere des monumens du despotisme, qui, joint à la matiere des cloches que l'on peut réunir dans ce Département, formeroient un total d'environ cent milliers, dont il sortiroit quantité de canons de plusieurs calibres, suivant la demande qui en seroit faite. Il existe dans la ville, des Artistes qui ont déjà fait des bouches à feu dont nous avons vu l'essai. Il ne suffiroit que de désigner quelqu'un pour diriger en grand ces travaux. Un Artiste qui nous a remis plusieurs Mémoires sur cette partie, desireroit remplir cette place pour l'honneur seul de rendre encore des services à sa Patrie.

La ville de Rennes, dont les sentimens civiques nous ont paru très-prononcés, quoique perdant beaucoup à la Révolution, desireroit avoir un parc d'artillerie, & cette fonderie, afin de pouvoir occuper une partie des ouvriers qu'elle renferme dans son sein, & qui sont d'ailleurs peu fortunés.

A Pimpon, dans le même Département, le fer de cette forge est susceptible de faire des canons de fusil,

Il ne s'agiroit que d'avoir un ouvrier des Fabriques ordinaires pour les fuſils de munition. Il ne faut pas plus de quatre à cinq mille livres pour établir un premier attelier ; & moyennant un ouvrier inſtruit, il trouveroit des aides ayant dans ce Département beaucoup d'Armuriers qu'il ne s'agit que de diriger. Ce Département peut encore fournir, ainſi que nous l'avons dit plus haut, des ſabres, ſelles, tentes, chemiſes, ſarreaux, pantalons, bas, guêtres, ſouliers & bottes.

Pluſieurs Municipalités ſe plaignent de ne recevoir que très-lentement, & même point du tout, pluſieurs Décrets.

Les Citoyens infortunés de la ville de l'Orient ont réclamé auprès de nous la juſtice de la Convention Nationale pour l'élargiſſement des priſonniers qui ont été arrêtés d'après l'évènement du 15 Septembre arrivé dans cette ville.

Ce qui nous a paru le plus eſſentiel dans beaucoup d'endroits que nous avons parcourus, ce ſeroit que le peuple fût plus inſtruit des principes qui peuvent aſſurer ſon bonheur & ſa liberté. Les habitans des campagnes ſur-tout, commenceroient à jouir des bienfaits de la Révolution, bienfaits qui ſont ſans ceſſe empoiſonnés par les Prêtres qui ont encore la plus dangereuſe influence dans ces cantons qui ne ſont point éclairés par la Raiſon & la Philoſophie. Les Prêtres réfractaires ſur-tout, ont un tel empire ſur ces Citoyens trop crédules, qu'ils ſe ſont fait conſerver dans pluſieurs endroits où il faudroit en venir à des actes d'autorité pour les en arracher. Ils les portent ſouvent aux plus honteux excès ; ils les trompent au point qu'ils leur aſſurent l'abſolution de toutes leurs fautes pendant nombre d'années, s'ils prennent la défenſe de la Religion profanée par les intrus & les conſtitutionnels. Ce fanatiſme regne dans une grande partie des campagnes de la ci-devant province de Bretagne. Il feroit effentiel que le Miniftère nommât des Commiffaires qui entendiffent l'idiôme de ces cantons, afin d'expliquer à ces Citoyens les Décrets, & par l'empire de la raifon & des principes, les ramener au fyftême d'unité, qui peut feul affurer le bonheur de tous les François.

Nous fouffignés, certifions les faits contenus dans ce Mémoire fincères & véritables.

Signés, Felix Profeffeur, & Bodson le jeune, Membres du Confeil général de la Commune de Paris du 10 Août.

Paris, ce 18 Octobre 1792, premier de la République.